Einfach gut! Küche zum Selbermachen

TREND
aktuell

Herausgeberinnen:
Brigitte Ebersbach und Monika Hahn

Einfach gut!
Küche
zum Selbermachen

Trend aktuell Verlagsgesellschaft mbH

Leopoldstraße 32, 80802 München
8. Auflage: (135.000–150.000)

Visuelle Konzeption und Ausführung für Titel und Inhalt:
Erwin G. Vogt, GraphikDesign

Titelfoto: Monika Hahn

Printed in Germany
Gesamtherstellung: Ebner & Spiegel, Ulm

Juni 2002

Gedruckt auf umweltfreundlichem Papier
mit chlorfrei gebleichtem Zellstoff

ISBN 3-926027-01-0

Für die große Zustimmung und die
begeisterte Mitarbeit bedanken wir uns bei:

Agnes, Anne, Anneliese, Brigitte,
Catherine, Elinor, Erich und Maria, Erwin,
Felix, Franz-Josef, Gerti, Iris, Iris und Ulf,
Jürg, Kalli, Karin,Klaus, Maggie,
Margrit, Marhild, Marie Jo,
Monika, Naomi, Peter, Pontus, Puma,
Rosi, Sabine, Susan und Tina
und einigen anderen, die auch mit
Rat und Tat mitgeholfen haben.

Vorwort

Einfach gut.

Dieses Buch stellt keinen repräsentativen Querschnitt durch die deutsche oder internationale Küche dar, sondern die Idee war, gute Freunde und Bekannte um das Rezept ihrer Lieblingsspeise oder Spezialität zu bitten. Bei der Auswahl der Rezepte für diese Speisen wurde besonderer Wert auf eine möglichst einfache Zubereitung und vor allem ihren Wohlgeschmack gelegt. Die meisten dieser Rezepte haben wir gemeinsam am heimischen oder befreundeten Herd erst kürzlich bereitet und zusammen mit Genuß ausprobiert.

Es sind, bis auf wenige Ausnahmen, einfache Rezepte für Speisen, die leicht und schnell herzustellen sind. Also keine Angst vor dem Selbermachen!

Wir wollten absichtlich keine Rezepte für eine gehobene Restaurantküche mit teuren Spezialitäten zusammenstellen, denn diese kocht ein Spitzenkoch im Zweifel besser.

Auf spektakuläre Hochglanzphotos haben wir bewußt verzichtet, die Rezepte sind weniger dekorativ als wohlschmeckend.

Ihre Brigitte Ebersbach und Monika Hahn

PS: Falls es Ihnen Freude macht, uns auch Ihre persönlichen Lieblingsrezepte zuzusenden, dann schicken Sie sie zu unseren Händen an den Verlag.

Inhaltsverzeichnis:

Vorspeisen:

Suppen:

Hauptgerichte:

Nachspeisen, Desserts:

PS: Wenn nicht anders angegeben, gelten die Rezepte für 4 Personen.

Vorspeisen

Tomatenaufstrich

Zutaten:

400 g trockenes Weißbrot, 400 g Tomatenmark, 2 kleingehackte Zwiebeln, 4 Eier, 125 g weiche Margarine, 50 g geriebener Schweizer Käse, Milch zum Einweichen des Brotes, Salz und Muskat zum Abschmecken.

Zubereitung:

Das Brot in Milch einweichen und ausdrücken und anschließend mit allen angegebenen Zutaten zu einem Teig verrühren. Eine Kastenform einfetten und den Teig einfüllen. Im vorgeheizten Backofen bei 180 Grad ca. 60 Minuten backen. Der Teig soll oben eine braune Kruste haben, dann ist der Brotaufstrich fertig.

Mit dem Messer den Brotaufstrich von der Form lösen und nach dem Abkühlen stürzen. In Scheiben schneiden.

Wachteln auf Toast

Zutaten:

4 Wachteln, 4 dünne Speckscheiben, 200 ml Weißwein, 2 cl Cognac, 1/2 Würfel Hühnerbrühe, 150 g frische Champignons oder 1 kleine Dose, 4 Scheiben Toastbrot, 8 Zahnstocher, Salz, Pfeffer, etwas Butter oder anderes Bratfett, etwas Stärkemehl.

Zubereitung:

Die Wachteln werden innen mit Salz und Pfeffer eingerieben und mit jeweils einer Scheibe Speck umwickelt. Mit Zahnstochern den Speck vorsichtig befestigen. In einem Bratentopf das Fett erhitzen und die Wachteln von allen Seiten braun anbraten. Den Cognac zugießen und flambieren. Wenn die Flamme erloschen ist, den Wein hinzufügen, einen Deckel auflegen und die Temperatur reduzieren. Nach 15 Minuten die Flüssigkeit kontrollieren, gegebenenfalls etwas Brühe zugießen. Zwischendurch die Champignons anbraten und nach 30 Minuten Dünstzeit zu den Wachteln geben und 15 Minuten mitdünsten. Die Speckscheiben entfernen, die Wachteln halbieren und auf dem getoasteten Brot anrichten. Die Sauce mit etwas Stärke oder einer Butterkugel (halb Mehl, halb Butter) andicken und über den Wachteltoast geben.

Als Hauptgericht pro Person 2 Wachteln. Dazu passen Reis und grüner Salat.

Auberginen-Spargel-Salat

Zutaten:

500 g weißer Spargel, 1 mittelgroße Aubergine, 100 g Champignons oder 100 g frische Steinpilze, 0,2 l Weißwein, etwas Olivenöl, Salz, Pfeffer, Zitrone, Schnittlauch, einige große Salatblätter.

Zubereitung:

Den geschälten Spargel in Stücke schneiden und in wenig Salzwasser bißfest kochen. Die Aubergine zuerst in Scheiben und dann in Würfel schneiden. Anschließend in wenig Olivenöl kurz anbraten, den Weißwein zugießen und die Auberginenstückchen fertig garen. Die Pilze in Scheiben schneiden, anbraten und mit der Aubergine und dem Spargel mischen. Mit Salz, Pfeffer und Zitrone abschmecken. Abkühlen lassen. Auf Salatblättern anrichten und mit dem in feine Röllchen geschnittenen Schnittlauch bestreuen.

Salat mit Schafskäsecroutons

Zutaten:

4 Scheiben Graubrot, 4 Scheiben Schafskäse ca. 1 cm dick, Salat nach Geschmack (z.B. Rucola, blättrige Champignons, Tomate), Salatsoße, Schnittlauch, Olivenöl, Oregano, Pfeffer.

Zubereitung:

Das Graubrot leicht mit Olivenöl beträufeln. Den Schafskäse auflegen und leicht andrücken. Alles in mundgerechte Stücke schneiden und nebeneinander auf ein Backblech legen. Nochmals Olivenöl darüberträufeln, pfeffern und Oregano aufstreuen. Unter dem Grill bei 175 Grad überbacken, bis das Brot knusprig ist. Auf dem portionsweise angemachten Salat anrichten und sofort servieren.

Zucchini-Vorspeise

Zutaten:

3 größere Zucchini, 1 gehäufter EL Pesto genovese, 1 1/2 EL Balsamico Essig, 2 EL Olivenöl, 1 TL Senf, etwas Weißwein, Salz, Pfeffer, 1 Prise Zucker, frisch gehobelter Parmesan, gehackter Schnittlauch. Evtl. eingelegte getrocknete Tomaten.

Zubereitung:

Die Zucchini mit einem Gurkenhobel in feine Scheiben raffeln. Auf ein Geschirrtuch nebeneinanderlegen und trocknen. Das geht am besten auf einem warmen Ofen (3 Stunden) oder im Backofen, der auf 50 Grad gestellt ist (1 1/2 Stunden). Richtig sind die Zucchinischeibchen, wenn sie sich wellen. Auf Tellern portionsweise kreisförmig und leicht überlappend anordnen bzw. schichten. Aus Pesto, Essig, Olivenöl, Senf, Salz, Pfeffer, Zucker und ein wenig Weißwein eine Marinade rühren und auf die Zucchinischeibchen träufeln. Im Ofen die Teller warmstellen. Anschließend mit grob gehobeltem Parmesan und dem Schnittlauch bestreuen und mit frischem Weißbrot sofort servieren.

Man kann die Vorspeise mit gehackten eingelegten getrockneten Tomaten verfeinern.

Avocados mit Käsecreme

Zutaten:

2 Avocados, 125 g Roquefort, Zitronensaft, 4 EL Creme fraiche, Salz und Pfeffer.

Zubereitung:

Die Avocados der Länge nach halbieren, Kerne entfernen. Aus jeder Avocadohälfte zwei EL Fruchtfleisch herauslösen, mit der Creme fraiche und dem Roquefort schaumig rühren. Mit Zitronensaft, Salz und Pfeffer würzen. Das Ganze wieder in die Avocadohälften füllen.

Auberginen mit Rucola (Rauke)

Zutaten:

2 große Auberginen, 100 g Rucolasalat (Rauke), Zitronensaft, Knoblauch, 100 g gehobelter Parmesan, Salz und Pfeffer.

Zubereitung:

Rucola waschen und abtropfen lassen. Die Auberginen in Scheiben schneiden, mit Salz bestreuen. Sobald sich Saft gebildet hat, in Olivenöl mit etwas zerdrücktem Knoblauch goldbraun braten. Mit Zitronensaft beträufeln, mit Salz und Pfeffer würzen. Rucola auf Tellern verteilen, die Auberginenscheiben darauf legen und mit grob gehobeltem Parmesan bestreuen.

Croutes au fromage (Käseschnitten)

Zutaten:

8 große Scheiben Weißbrot ca. 1,5 cm dick, 0,3 l trockener Weißwein, 400 g grob geriebene Käsemischung (Bergkäse, Emmentaler, Tilsiter), 2 EL Mehl, 2 Eier, 1 Zwiebel, 1 Tomate, Pfeffer aus der Mühle, Paprika.

Zubereitung:

Brotscheiben auf ein gefettetes Backblech legen und unter dem Grill auf beiden Seiten bräunen (evtl. toasten), Brot mit etwa der Hälfte des Weißweines beträufeln. Mehl mit dem geriebenen Käse in einer Schüssel vermengen, Eier und den restlichen Weißwein zugeben, pfeffern und gut mischen. Masse auf die Brotscheiben verteilen und glattstreichen. Mit je einer Scheibe Tomate und Zwiebelringen belegen. Im vorgeheizten Ofen bei ca. 250 Grad Oberhitze auf der untersten Einschubleiste ca. 10 Minuten überbacken. Mit Paprika bestäuben und heiß servieren.

Dazu passen ein trockener Weißwein oder Bier.

Selleriesalat

Zutaten:

1 großer Sellerie, 3 mittelgroße Äpfel, 1 Becher Joghurt, 50 g Walnüsse, 1/8 Sahne, etwas Öl, Salz und Pfeffer, Zitronensaft.

Zubereitung:

Sellerie und Äpfel schälen und raspeln, mit Zitronensaft beträufeln. Walnüsse hacken. Geschlagene Sahne, Gewürze und Walnüsse dazugeben und danach kalt stellen.

Je nach Geschmack kann man statt Öl auch Mayonnaise nehmen und eine kleine Dose Mandarinen dazugeben.

Avocado-Eier

Zutaten:

1 weiche Avocado, 4 Eier, 1 Zwiebel, Salz und Pfeffer, etwas Zitronensaft.

Zubereitung:

Weiche Avocado halbieren. Kern entfernen und das Fruchtfleisch aus der Schale nehmen. Eier hart kochen, halbieren und die Dotter mit dem Fruchtfleich und einer kleingehackten Zwiebel vermengen. Mit Salz, Pfeffer und etwas Zitronensaft abschmecken, danach die Eier füllen.

Zu frischem Weißbrot servieren.

Suppen

Käse-Lauchsuppe

Zutaten:

500 g Hackfleisch vom Rind, 1 1/2 l Rinderbrühe, 500 g Schmelzkäse (30 % Fett), 1 Ecke Kräuterschmelzkäse (40 % Fett), 2-3 Stangen Lauch, 2 EL Creme fraiche, 1 TL gemischte Kräuter (aus der Tiefkühltruhe), 1 EL Öl oder anderes Bratfett.

Zubereitung:

Hackfleisch im Fett anbraten und mit der Brühe auffüllen. Den gut geputzten und gewaschenen Lauch in 2 cm lange Stücke schneiden und hinzufügen. Den Schmelzkäse in die Brühe einrühren und auf kleiner Flamme 30 Minuten sieden lassen. Mit Creme fraiche und Kräutern abschmecken.

Thaisuppe

Zutaten:

150 g Krabben, 1 Büchse Kokosmilch, Tom-Yun-Paste, Zitronengras, Salz, Pfeffer, Öl.

Zubereitung:

Die Krabben in etwas Öl kurz anbraten, Kokosmilch, Zitronengras, Tom-Yun-Paste hinzufügen, mit Wasser aufgießen. Ca. 15 Minuten schwach kochen lassen.

Frühlingssuppe

Zutaten:

1 Aubergine, 1 mittelgroße Zwiebel, 2-3 EL Sonnenblumenöl, 2 Tomaten, 1 l Wasser, 1 Päckchen Frühlingssuppe (Fertigprodukt von Maggi oder Knorr), 1 Prise Majoran, 1 Bund Petersilie, 2-3 EL geriebener Emmentaler Käse, Salz und Pfeffer.

Zubereitung:

Die Auberginen waschen, trocknen, mit der Schale in feine Würfel schneiden und leicht salzen.. Die Zwiebel klein schneiden. Sobald die Aubergine Saft abgibt, mit der Zwiebel in heißem Öl kräftig anbraten, dünne Tomatenscheiben hinzufügen und mit Wasser auffüllen. Die bereits fertig gekochte Frühlingssuppe einrühren, mit Salz, Pfeffer und Majoran würzen. Mit grob gehackter Petersilie und dem geriebenen Käse bestreuen.

Kerbelrahmsuppe

Zutaten:

1 Zwiebel, 1 EL Butter, 150 g mehlige Kartoffeln, 80 g Kerbel, 1 l Hühnerbrühe, 1/8 l Sahne, Saft einer Zitrone, Worcestersauce, Salz, Pfeffer und Muskatnuß.

Zubereitung:

Die Zwiebel hacken und in der Butter dünsten. Kerbel abzupfen und in den Topf geben. Kurz andünsten. Die geschälten Kartoffeln in kleine Würfel schneiden und zu den Zwiebeln geben. Kartoffeln mit Brühe aufgießen und 30 Min. bei schwacher Hitze kochen lassen. Mit Salz, Pfeffer und Muskatnuß würzen. Alles pürieren und dann mit der Sahne aufkochen und weitere 10 Min. bei geringer Hitze kochen lassen. Mit Zitronensaft und Worcestersauce abschmecken.

Currysuppe

Zutaten:

150 g Reis, 1 1/2 TL Curry, 2 El Butter, 1 Zwiebel, 1 1/4 l Hühnerbrühe, 1-2 TL Zitronensaft, 200 g gekochte, geschälte Garnelen, 1/4 l Sahne, Salz und Pfeffer.

Zubereitung:

Die gehackte Zwiebel mit Reis und Currypulver in der Butter glasig dünsten. Mit der Brühe aufkochen und zugedeckt ca. 20 Minuten bei geringer Hitze garen. Mit Salz, Pfeffer und frisch gepreßtem Zitronensaft abschmecken. Garnelen hinzugeben. Die leicht geschlagene Sahne vor dem Servieren unterheben.

Basler Mehlsuppe

Zutaten:

5 EL Mehl, 60 g Butter, 1 Zwiebel, 1 l kalte Fleisch- oder Gemüsebrühe, 100 g geriebener Käse (Greyerzer, Parmesan), 1/4 l kräftiger Rotwein.

Zubereitung:

Mehl bei guter Hitze unter ständigem Rühren in einem Suppentopf haselnussbraun ohne Fett rösten, abkühlen lassen, Butter beigeben und mit dem Mehl vermischen. Die in feine Streifen geschnittene Zwiebel zufügen und einige Minuten dünsten lassen. Unter ständigem Rühren die Fleisch- oder Gemüsebrühe zugeben und aufkochen lassen. Anschließend 20 Minuten bei schwacher Hitze ziehen lassen, dabei ab und zu umrühren. Zum Schluß Rotwein unterrühren.

In vorgewärmte Teller verteilen und mit Käse bestreuen.

Kräutersuppe

Zutaten:

100 g saure Sahne, 2 Eigelb, 3/4 l heiße Fleisch- oder Gemüsebrühe, 6 EL frische Kräuter, 2 altbackene Semmeln, 30 g Butter, etwas Pfeffer.

Zubereitung:

Sahne, Eigelb und Pfeffer in einem Topf verquirlen. Die heiße Fleisch- oder Gemüsebrühe unter ständigem Rühren langsam einlaufen lassen. Nicht mehr kochen! Feingehackte Kräuter (z.B. Dill, Kerbel, Petersilie, Schnittlauch, Pimpinelle) in der Suppe ziehen lassen. Die Semmeln in kleine Würfel schneiden und in Butter goldbraun rösten. Zur Suppe servieren.

Französische Lauchcremesuppe

Zutaten:

750 g Lauch, 1/8 l süße Sahne, 50 g Mehl, 1/2 TL Salz, Muskat, weißer Pfeffer, 200 ccm Weißwein, altbackene Brötchen, geriebener Käse, 1 l Fleisch- oder Gemüsebrühe.

Zubereitung:

Lauch waschen und putzen (nur die hellen Teile verwenden!). In Ringe schneiden und in Öl 10 Minuten dünsten. 1 Liter Brühe aufgießen. Kochen lassen. Mehl mit Weißwein verrühren und damit die Brühe binden. Mit Gewürzen abschmecken. Brötchen in Würfel schneiden, in Fett rösten und zur Suppe reichen.

Mit geriebenem Käse servieren.

Hauptgerichte

Gefüllte Auberginen

Zutaten:

2 mittelgroße, gut geformte Auberginen, 2 mittelgroße Zwiebeln, 1 Karotte, 2 Knoblauchzehen, 180 - 200 g Camembert oder anderen Weichkäse, 4 gehäufte EL Semmelbrösel, 1 Schuß Tomatenketchup, Petersilie, Oregano, Muskat, Pfeffer, Salz.

Zubereitung:

Die Auberginen halbieren und aushöhlen, dabei einen Rand von 2 cm lassen. Die Zwiebeln hacken und die Karotte in Scheibchen schneiden. Das herausgeschnittene Fruchtfleisch zusammen mit den Zwiebeln, der Karotte, dem gepreßten Knoblauch, dem fein gewürfelten Camembert und den Semmelbröseln vermengen. Mit Tomatenketchup und den Gewürzen abschmecken. Die Masse in die Auberginenhüllen füllen und in einer feuerfesten Form im Backofen bei 175 Grad ca. 1 Stunde backen.

Lamm-Oliventopf

Zutaten:

800-1000 g ausgelöste Lammschulter in Ragoutstücke geschnitten, Salz, Pfeffer, 2 EL Olivenöl, 70 g durchwachsener Speck in 2 cm lange Scheiben geschnitten, 0,2 l Weißwein, 1 kleine Dose ital. geschälte Tomaten (400 g), 1 Zwiebel, 2 feingehackte Knoblauchzehen, 1 Kräuterbündel aus Rosmarin und Thymian, 150 g entkernte schwarze Oliven.

Zubereitung:

In einem Schmortopf Speck im Olivenöl anbraten und herausnehmen. Im Fett die gesalzenen und gepfefferten Fleischstücke portionsweise anbraten, dann herausnehmen. Das Bratfett abgießen. Die Zwiebel, den Speck und das Fleisch wieder hinzugeben und für einige Minuten rösten, dann mit Weißwein ablöschen. Die Tomaten, das Kräuterbündel und den Knoblauch zugeben und im 135 Grad heißen Backrohr 2 Stunden zugedeckt schmoren lassen. Nach der Hälfte der Schmorzeit die Oliven zugeben.

Mit Polenta oder Weißbrot servieren.

Kartoffelgulasch

Zutaten:

1 kg mehlige Kartoffeln, 150 g Cabanossi, 2 Paprikawürste oder Landjäger, 4 Wiener Würstchen, 1 große Zwiebel, 1 Lorbeerblatt, 1 TL Majoran, nach Belieben Paprika edelsüß und scharf, 1 kleine Dose Tomatenmark, Salz, Pfeffer, 1 EL Öl oder anderes Bratfett.

Zubereitung:

Die Zwiebel in dünne Scheiben schneiden und in einem Schmortopf glasig dünsten. Die in Scheiben geschnittenen Würste hinzufügen und unter ständigem Rühren anbraten. Die geschälten und in Würfel geschnittenen Kartoffeln in den Schmortopf geben und mit heißem Wasser auffüllen, bis sie bedeckt sind. Die Gewürze hinzufügen. Dann 40 Minuten bei milder Hitze zugedeckt schmoren. Nochmals abschmecken.

Als Beilage paßt ein grüner Salat und zum Trinken ein kräftiger, trockener Rotwein.

Putenschnitzel mit Mozzarella

Zutaten:

6 Putenschnitzel, 2 Bund Basilikum, 3 Kugeln Mozzarella, Salz, Pfeffer, Zitronenpfeffer, Öl oder anderes Bratfett.

Zubereitung:

Putenschnitzel dünn wie Minutensteaks schneiden. Mit Salz, Pfeffer und Zitronenpfeffer einreiben und von beiden Seiten in einer Pfanne scharf anbraten. Mit viel frischem Basilikum bestreuen und mit dem in Scheiben geschnittenen Mozzarella belegen. Den Pfannendeckel auflegen und die Schnitzel bei reduzierter Hitze noch etwas weiter braten.

Dazu passen Tomatensalat und frisches Weiß- oder Graubrot.

Spargelrisotto

Zutaten:

0,7 l Hühnerbrühe, 250 g grüner Spargel, 250 g weißer Spargel, 40 g Butter, 1/8 l Weißwein, 250 g Rundkornreis, 50 g Sahne, 80 g geriebener Parmesankäse, Salz, Pfeffer, Muskat.

Zubereitung:

Den Spargel waschen, putzen und in Stücke schneiden. Die Spargelenden und Schalen ca. 15 Minuten in der Hühnerbrühe bei geringer Hitze kochen lassen, dann durch ein Sieb gießen. 20 g Butter in einem Topf erwärmen, die mitteldicken Spargelstücke 4 Minuten anbraten. Den Reis rösten, bis er glasig ist, mit dem Weißwein ablöschen und so lange rühren, bis der Wein verdampft ist. Die Spargelspitzen und etwas Hühnerbrühe dem Reis hinzufügen. 30 Minuten schmoren lassen und dabei des öfteren umrühren und immer wieder Hühnerbrühe zugeben. Mit Salz, Pfeffer und Muskat würzen. Die restliche Butter, die Sahne, sowie die Hälfte des Parmesans unterziehen. Den restlichen Käse nach Belieben zum Bestreuen verwenden.

Dazu ist ein würziger Weißwein zu empfehlen.

Der Sultan war entzückt

Zutaten:

4 mittelgroße, kurze, dicke Auberginen, 200 g Hackfleisch vom Lamm, 200 g gehackte Zwiebeln, 1 EL Pinienkerne, 4-5 Tomaten oder 1 kleine Dose geschälte Tomaten, 2-3 EL Öl, Thymian, 1 Bund frische Petersilie, Pfeffer, Salz.

Zubereitung:

Die Auberginen dünn schälen. Kurz unterhalb der Spitze senkrecht bis fast zum Boden durchschneiden. Der Schnitt muß tief sein, darf die Aubergine aber nicht ganz halbieren. Anschließend 2mal oben und unten quer ein wenig einschneiden. Dann die Auberginen salzen und eine halbe Stunde ruhen lassen. Danach den ausgetretenen bitteren Saft abschütten und die Auberginen unter kaltem Wasser abspülen und abtrocknen. Die Auberginen werden dann in einer Pfanne mit 1 EL Öl weichgedünstet. Herausnehmen und vorsichtig öffnen. Lammfleisch, Zwiebeln, Petersilie, Pinienkerne, Salz und Pfeffer vermengen und in einer Pfanne mit etwas Öl anbraten und dann abkühlen lassen. Die Masse in die aufgeklappten Auberginen füllen. Aus den Tomaten, die mit Salz, Pfeffer und Thymian gewürzt werden, eine Sauce zubereiten und kurz aufkochen lassen. Die Hitze reduzieren und die Auberginen hineinlegen. Zugedeckt etwa 30 bis 45 Minuten dünsten lassen oder bei schwacher Hitze im Ofen garen.

Dazu paßt Reis.

Quittenhuhn

Zutaten:

1 Poularde oder 1 Brathähnchen, 1 Zwiebel, 6-8 EL Öl, 3-4 Quitten, 1/4 l Brühe, 1 Butterkugel (zu gleichen Teilen 1 TL Mehl und 1 TL Butter verkneten), Salz, Pfeffer.

Zubereitung:

Das Huhn in 6 bis 8 Stücke zerlegen. In einem Schmortopf die kleingeschnittene Zwiebel im Öl anbraten, die Hühnerteile dazugeben und ca. 45 Minuten zugedeckt dünsten. Anschließend die gewaschenen, ungeschälten Quitten in feine Scheiben schneiden und zum Huhn geben. Die Flüssigkeit hinzufügen, salzen und pfeffern. So lange dünsten, bis die Quitten weich sind. Anschließend die Sauce mit der Butterkugel binden oder mit einer hellen Mehlschwitze eindicken.

Tip: Besser schmeckt das Huhn, wenn man es vor dem Dünsten abhäutet, da bei diesem Gericht die Haut nicht kroß gebraten wird.

Als Beilagen sind Reis und gemischter Salat zu empfehlen.

Aprikosenhuhn

Zutaten:

1 Poularde, 500 g ungeschälter Reis, 700 g frische Aprikosen oder 1 Beutel getrocknete, 1 Glas Aprikosenmarmelade, 50 g Butter, 50-100 g gestiftelte Mandeln, ca. 1 l Weißwein, Salz, Pfeffer, Curry.

Zubereitung:

Einen Römertopf wässern und anschließend einfetten. Die gewaschene und abgetrocknete Poularde mit Salz, Pfeffer und Curry einreiben, mit den entkernten Aprikosen füllen und in den Römertopf legen. Den Reis um die Poularde streuen und mit dem Wein auffüllen, bis der Reis bedeckt ist. Im Backofen bei 200 Grad ca. 1 1/2 Stunden schmoren lassen und dabei ab und zu nachschauen, ob genügend Flüssigkeit vorhanden ist - ansonsten Wein nachgießen. Nach ca. 75 Minuten den Deckel des Römertopfes abnehmen. Die letzten 15 Minuten die Poularde offen schmoren lassen. Die Mandelstifte in wenig Butter hellbraun rösten. Die restliche Butter schmelzen lassen und die Marmelade langsam hinzufügen und leicht erhitzen. Zum Schluß die Poularde mit der geschmolzenen Marmelade und den Mandeln bedecken.

Tortilla mit Paprika

Zutaten:

1 Zwiebel, 6 kleine Paprikaschoten, 4-5 Tomaten, 3-4 Eier, 2 mittelgroße gekochte Kartoffeln, 2 EL Olivenöl, Salz, Pfeffer, fein gewiegte Petersilie.

Zubereitung:

In einer Pfanne die kleingehackte Zwiebel in Öl glasig dünsten. Die Paprika waschen, putzen, in Streifen schneiden, hinzufügen und 10 Minuten mitdünsten. Die Tomaten häuten und in Scheiben schneiden. Die geschälten, gekochten Kartoffeln ebenso in Scheiben schneiden. Beides unter das Paprikagemüse rühren und 5 Minuten schmoren lassen. Die Eier mit Salz und Pfeffer verrühren und über das Gemüse gießen und nicht mehr umrühren. Die Tortilla ist fertig, sobald die Eier gestockt sind. Mit frischer Petersilie bestreuen und zu Landbrot oder Baguette servieren.

Hasenrücken mit Ingwersauce

Zutaten:

2 große gespickte Hasenrücken, 10 Schalotten, 1 Petersilienwurzel, 150 g Sellerie, 1 Ingwerwurzel, 1 Zitrone, 1/4 l Sahne, 0,3 l Rotwein, Wacholderbeeren, Muskat, schwarze Pfefferkörner, Pfeffer, Salz, blaue Trauben, Honig, geschmacksneutrales Öl zum Braten.

Zubereitung:

Pfefferkörner und Wacholderbeeren im Mörser zerstoßen. Die gespickten Hasenrücken mit Salz, sehr wenig Muskat und den zerstoßenen Pfefferkörnern und Wacholderbeeren einreiben. Die Schalotten, die Selleriewurzel und den Sellerie kleinwürfeln. Die Hasenrücken in einem Schmortopf in Öl sehr scharf anbraten, das Gemüse dazugeben und mit feingeriebenem Ingwer bestreuen. Rotwein und den Saft einer ausgepreßten Zitrone hinzufügen und im Backofen bei 200 Grad ca. 45 Minuten schmoren lassen. Das Fleisch herausnehmen und warm stellen. Die Sauce mit dem Handschneidestab des Mixers pürieren, mit der Sahne und etwas Honig abschmecken und anschließend die entkernten und kleingeschnittenen Trauben unterziehen. Die fertige Sauce über die Hasenrücken gießen.

Als Beilage eignen sich Spätzle, als Getränk paßt ein trockener Rotwein.

Kaninchenragout Tessiner Art

Zutaten:

1 1/2 Kaninchen, 100 g Rohschinken am Stück, 2 große Zwiebeln, 2 Knoblauchzehen, 1 grüne Peperone, 150 g frische Pilze, 1 EL Öl oder Butterschmalz, 1 EL Mehl, 0,3 l Rotwein, 1 kleine Dose geschälte Tomaten, 1 TL Rosmarin, abgeriebene Schale einer unbehandelten Zitrone, 1 Bund frisches Basilikum (oder 1 TL getrocknetes), Pfeffer, Salz.

Zubereitung:

Das Kaninchen in bratfertige Stücke schneiden, salzen und pfeffern. Den Schinken in kleine Würfel, die Zwiebel in Ringe schneiden. Den Knoblauch längs halbieren, Peperone entkernen und in dünne Streifen schneiden. Pilze putzen, die größeren halbieren. Butterschmalz oder Öl in einem Schmortopf heiß werden lassen und die Kaninchenstücke nach und nach anbraten, dann beiseite stellen. Im Bratfond Zwiebeln, Knoblauch, Peperone und Pilze andünsten und anschließend mit dem Mehl bestäuben, dann mit dem Rotwein ablöschen. Den Sud aufkochen lassen, die Fleischstücke und die Tomaten (mit Saft) zufügen. Mit Rosmarin würzen und zugedeckt auf dem Herd oder im Backofen bei 180 Grad ca. 1 1/2 Stunden weichschmoren lassen. Danach die Sauce abschmecken und mit abgeriebener Zitronenschale und fein gehacktem Basilikum bestreuen.

Dazu passen Polenta, Kartoffelpüree oder breite Nudeln, ein gemischter Salat und zum Trinken ein trockener Rotwein.

Fondue Bouilli-Boeuf

Zutaten:

1 kg mageres Rindfleisch zum Schmoren, 2 Markknochen, 2 Kalbsknochen, 2 Karotten, 1 Stange Lauch, 1 kleine Sellerieknolle, 1 ungeschälte Zwiebel mit 4 Nelken gespickt, Salz, Pfeffer, Sherry. Diverse Fonduesaucen, Essigfrüchte, Baguette.

Zubereitung:

Die Knochen und die Zwiebel in 1 1/2 Liter kaltem Wasser aufsetzen und zum Kochen bringen lassen. Das in ca. 2 cm große Stücke gewürfelte Fleisch in den Sud geben, pfeffern und salzen. Den entstehenden Schaum abschöpfen und bei kleiner Hitze 2 Stunden bei geringer Hitze kochen lassen. In der Zwischenzeit das Gemüse putzen und waschen, in 2 cm große Stücke schneiden und nach 1 Stunde Kochzeit in den Sud geben. 2 bis 3mal etwas kaltes Wasser nachgießen (die Bouillon bleibt so klarer). Nach 2 Stunden die Bouillon abseihen, abschmecken und in eine feuerfeste Form geben. Fleisch, Gemüse sowie das ausgelöste Mark in eine vorgewärmte Servierschüssel geben.

Servieren: Ein Rechaud in die Mitte des Tisches stellen. Die Flamme so einstellen, daß die Boullion heiß bleibt, aber nicht kocht. Man bedient sich mit einer Fonduegabel selbst und genießt das Fleisch und das Gemüse mit den Fonduesaucen und Essigfrüchten. Die Bouillon wird mit Sherry abgeschmeckt und in Tassen serviert.

Als Getränk empfiehlt sich ein kräftiger Rotwein.

Laubfrösche

Zutaten:

20 handgroße Mangoldblätter, 400 g gemischtes Hackfleisch (Rind und Schwein), 1 altbackenes Brötchen, 0,1 l Milch, 2-3 EL Butter, 0,1 l Fleischbrühe, 2 EL gehackte Petersilie, Salz, Pfeffer, Zahnstocher.

Zubereitung:

Das Brötchen in der Milch einweichen, ausdrücken und fein zupfen. Die Zwiebel fein hacken und in etwas Öl weich dünsten. Anschließend mit dem Brötchen, der Petersilie und dem Fleisch in eine Schüssel geben, mit Salz und Pfeffer würzen und alles gut vermengen. Daraus werden 20 Kugeln geformt. Mangoldblätter 2 bis 3 Minuten in heißem Wasser blanchieren, herausnehmen und einzeln auslegen. Backofen auf 200 Grad vorheizen. Die Fleischkugeln in den Mangoldblättern verpacken, mit Zahnstochern befestigen. In einer feuerfesten Form die Butter heiß werden lassen und die Laubfrösche nebeneinander hineinlegen, mit etwas Salz bestreuen. Im Backofen 30-40 Minuten braten und ab und zu mit der Fleischbrühe begießen, dabei die Laubfrösche einmal wenden.

Als Beilage paßt Reis oder frisches Weißbrot.

Fixe Reispfanne

Zutaten:

8-12 Hummerkrabbenschwänze (roh mit Schale), 4 Tomaten, 12 Champignons, 2 Tassen gekochter Reis, 80 g Kräuterbutter, 1/2 - 1 TL Safran oder Kurkuma, grobes Salz, Zitrone, 2 Knoblauchzehen, Olivenöl.

Zubereitung:

Die Krabbenschwänze längs halbieren, mit grobem Salz und Zitrone marinieren (ca. 2 Minuten). In einer hohen Pfanne Olivenöl (ca. 8 EL) heiß werden lassen und die Hummerkrabbenschwänze kräftig anbraten. Die Kräuterbutter hinzufügen. Die Knoblauchzehen fein hacken, die Tomaten häuten und achteln, die Champignons putzen und grob hacken. Zusammen mit dem Safran zu den Krabbenschwänzen geben und ca. 10 Minuten dünsten. Anschließend den Reis unterschwenken, durchwärmen lassen und in der Pfanne servieren.

Ochsenschwanz mit Wurzelgemüse auf Nudeln

Zutaten:

1 kg Ochsenschwanz in Stücken, 1 mittelgroße Zwiebel, 3-4 Karotten, 2 Petersilienwurzeln, 2 Knoblauchzehen, 75 g Champignons, 1 kleine Stange Lauch, 1 Tasse Kraftbrühe, 1/4 l Rotwein, Mehl, Salz, Pfeffer, Paprika (scharf), Thymian, Olivenöl, Butter, 400 g Nudeln (Spiralen, Hörnchen oder kurze Makkaroni). Evtl. 1-2 Chilischoten, Schnittlauch.

Zubereitung:

Die Ochsenschwanzstücke rundum gut salzen, pfeffern und mit Paprika bestreuen. In Mehl wenden, überflüssiges Mehl gut abschütteln. In einem großen Schmortopf, der alle Stücke bequem fassen kann, 3 EL Olivenöl heiß werden lassen. Die Ochsenschwanzstücke darin von allen Seiten braun anbraten und anschließend herausnehmen. Das Fett wegschütten. In der Zwischenzeit die Karotten und die Petersilienwurzeln waschen und nicht zu dünn schälen. Die Schalen, den Lauch, die Zwiebel und die Champignons grob hacken. 2 nußgroße Stücke Butter in den Bräter geben und darin das gehackte Gemüse anschwitzen lassen (nicht die Wurzeln). Den Thymian und den gepreßten Knoblauch hinzufügen. Auf das Gemüse die Ochsenschwanzstücke legen und mit Brühe aufgießen. Auf kleinster Flamme bei geschlossenem Deckel ca. 1 Stunde langsam schmoren lassen. Dann den Rotwein hinzugeben und nochmals salzen und pfeffern. Wer es etwas schärfer mag, kann noch 1-2

Chilischoten hinzufügen. Nun wieder auf kleinster Flamme 2 bis 2 1/2 Stunden schmoren lassen. In der letzten halben Stunde die geschälten Karotten und Petersilienwurzeln auf die Ochsenschwanzstücke legen und mitschmoren lassen. Am Ende der Garzeit die Ochsenschwanzstücke herausnehmen und etwas auskühlen lassen. Die Nudeln bißfest kochen. Mit einem spitzen kleinen Messer das Fleisch von den Knochen und Knorpeln lösen und in mundgerechte Stücke schneiden. Die gegarten Karotten und Petersilienwurzeln würfeln. Mit dem Fleisch in einen Topf geben und die Sauce darüber durch ein Sieb passieren. Dabei die Gemüsestückchen gut ausdrücken. Sollte die Sauce zu dick sein, noch etwas Wasser oder Wein hinzugeben. Heiß werden lassen und auf den gekochten Nudeln portionsweise servieren.

Wer mag, kann noch reichlich gehackten Schnittlauch darüberstreuen.

Schwäbisches Himmelreich

Zutaten:

8 Medaillons 1-2 cm dick (wahlweise Schwein, Kalb, Pute, Huhn), 2 EL Kräuterfrischkäse (z.B. Boursin), 120 g Spätzle (am besten frisch zubereitet), 0,5 l Sahne, Salz, Pfeffer, Mehl.

Zubereitung:

Die Medaillons mit Salz und Pfeffer würzen und in Mehl wenden, überflüssiges Mehl abschütteln. In Butter langsam goldbraun braten. Auf einen Teller legen und beiseite stellen. Den Käse mit etwas Sahne cremig rühren. In einer Pfanne, die man auch unter den Grill stellen kann, die Spätzle in gesalzener Butter heiß schwenken, Die Pfanne vom Herd nehmen und die restliche Sahne auf die Spätzle träufeln. Die Medaillons auflegen und mit dem Käse bestreichen. Den Sud, der sich im Teller abgesetzt hat, darüberträufeln. Unter dem Grill überbacken und in der Pfanne servieren.

Tagliatelle verde

Zutaten:

350 g grüne Tagliatelle, 3 Bund Frühlingszwiebeln, 2 Stangen Lauch, frischer Estragon (ersatzweise frische Petersilie), 4 Portionen (bzw. 400 - 500 g) Krabben in Knoblauchöl, 2 EL Olivenöl, Salz, Cayennepfeffer.

Zubereitung:

Die Tagliatelle in reichlich Salzwasser bißfest kochen. In der Zwischenzeit den Lauch und die Frühlingszwiebeln putzen und in feine Scheiben schneiden. In Olivenöl glasig dünsten und mit Salz und Cayenne-Pfeffer würzen. Die Krabben hinzufügen und kurz bei starker Hitze anbraten. Mit den Nudeln in einer vorgewärmten Servierschüssel vermischen und mit gehacktem Estragon bzw. gehackter Petersilie bestreuen.

Hühnerbrust griechische Art

Zutaten:

4 Hähnchenbrustfilets, 250 g Creme fraiche, 200 g Champignons, 1 Eigelb, Saft einer Zitrone, 1 Bund frische Minze, 2 EL Olivenöl, Salz, Pfeffer.

Zubereitung:

Die Hähnchenbrustfilets in einer Pfanne von beiden Seiten in Olivenöl kurz anbraten, anschließend bei geschlossenem Deckel 5 - 8 Minuten schmoren lassen. Creme fraiche mit Eigelb und Zitronensaft verrühren und zu den Filets geben. Langsam erhitzen (nicht kochen lassen!). In der Zwischenzeit die Minze von den Stielen zupfen und grob hacken. In die Sauce kurz einrühren und mit Salz und Pfeffer abschmecken.

Dazu passen Reis, frisches Weißbrot oder Pizza bianca.

Ravioli al Monaco

Zutaten:

400-500 g Ravioli (mit Pilzen gefüllt), 2 Pakete tiefgefrorener Brokkoli, 200 g gekochter Schinken, 250 g Creme fraiche mit Kräutern, 80 g frisch geriebener Parmesan, Salz, schwarzer Pfeffer, 2 Bund Petersilie.

Zubereitung:

Die Ravioli in reichlich sprudelndem Salzwasser kochen. Den Brokkoli nach Vorschrift zubereiten, den Schinken in feine Streifen schneiden. Sobald der Brokkoli gar ist, das Wasser abgießen. Die Strünke zerschneiden, die kleinen Rosetten ganz lassen. Die Petersilie fein hacken. Creme fraiche erhitzen, Brokkoli, Schinken und die Petersilie hineinrühren, mit Salz und Pfeffer abschmecken. In einer vorgewärmten Servierschüssel mit den Ravioli vermengen und mit viel frischem Parmesan bestreuen.

Gefüllte Zwiebeln

Zutaten:

4 große Gemüsezwiebeln, 100 g gekochter Schinken, 250 g Champignons, 3/4 l Salzwasser, 50 g Butter, 1/8 l Gemüsebrühe, 0,2 l Weißwein, Pfeffer, Salz, Thymian, Petersilie.

Zubereitung:

Zwiebeln schälen und unten eine dünne Scheibe abschneiden, damit sie eine bessere Standfestigkeit haben. Dann die Zwiebeln bis auf einen ca. 1 cm dicken Rand aushöhlen. Im siedenden Salzwasser 10 Minuten blanchieren, anschließend abtropfen lassen. Die ausgehöhlte Zwiebelmasse fein hacken und goldbraun braten. Den kleingewürfelten Schinken und die gehackten Champignons zufügen und 5 Minuten braten. Petersilie fein hacken. Die Gewürze und die Petersilie untermischen. Die Masse in die Zwiebeln füllen. Eine feuerfeste Form mit Butter einfetten, die gefüllten Zwiebeln in die Form setzen und die Gemüsebrühe und den Wein zugießen. Auf die Zwiebeln Butterflöckchen verteilen. Im vorgeheizten Backofen bei 180-200 Grad ca. 45 Minuten backen.

Die gefüllten Zwiebeln passen gut zu Lammkoteletts, Lammlendchen oder Schweinefilets.

Forellen in Wermut

Zutaten:

4 Forellen, 0,2 l weißer trockener Wermut, 80 g Gruyere, 0,1 l Sahne, 2 Eigelb, Salz, Pfeffer, etwas Butter.

Zubereitung:

Eine feuerfeste Form einfetten. Die Forellen hineinlegen und den Wermut hinzufügen. Salzen und pfeffern. Je nach Größe der Forellen 15 - 20 Minuten im Backofen bei 200 Grad backen. Den Sud etwas abkühlen lassen. Die Sahne mit den Eigelb verquirlen, mit dem Fischsud mischen und auf den Forellen verteilen. Den Gruyere reiben und auf die Fische streuen. Bei 250 Grad im Backofen weitere 3 bis 5 Minuten überbacken.

Kaninchen al forno

Zutaten:

1 bis 2 Kaninchenrücken, 250 g Egerlinge, 250 g Karotten, 500 g Zwiebeln, 1/4 l Fleischbrühe, 1/4 l Weißwein, 100 g Butter, 100 g durchwachsener Speck, Salz, Pfeffer, Basilikum, Thymian, Rosmarin, etwas Olivenöl.

Zubereitung:

Kaninchenrücken in 4 bzw. 8 Stücke schneiden. Salzen, pfeffern und mit den Gewürzen einreiben. Den Speck auslassen, die Kaninchenstücke darin anbraten. Eine feuerfeste Form mit Olivenöl einfetten und das Fleisch hineinlegen. Die Karotten putzen und in Scheiben schneiden, die Zwiebeln schälen und vierteln, die Egerlinge säubern. Das Gemüse den Kaninchenteilen hinzufügen und Butterflöckchen darüberstreuen. Die Fleischbrühe mit dem Weißwein erhitzen und dazugießen. In den vorgeheizten Ofen stellen und bei mittlerer Hitze etwa 1 1/2 Stunden zugedeckt schmoren lassen.

Tagliatelle mit Mozzarella und Tomaten

Zutaten:

400 g aromatische Tomaten, 250 g Mozzarella, 1 Bund Basilikum, 12 grüne Oliven, 1 EL Kapern, 1/2 rote Peperone, 2 Knoblauchzehen, 4 EL Olivenöl, 400 g Tagliatelle, Salz, Pfeffer.

Zubereitung:

Die Tomaten überbrühen, enthäuten, entkernen und in Würfel schneiden. Mit gehacktem Basilikum, zerkleinerten Oliven, Kapern, kleingeschnittenen Peperone, Olivenöl und durchgepreßten Knoblauchzehen mischen. Salzen und pfeffern. Diese Mischung ca. 5 Stunden gut durchziehen lassen. Tagliatelle in reichlich sprudelndem Salzwasser kochen. Die Tomatenmischung erhitzen und mit dem gewürfelten Mozzarella unter die abgetropften Nudeln mischen.

Safran-Risotto

Zutaten:

12 rohe Scampi, 2 Zwiebeln, 1 kleine Ananas, 1/2 l Rinderbrühe, 2 Tüten Safran (oder Kurkuma), 1 Zitrone, 100 g Butter, 6 EL Olivenöl, 1/8 l Weißwein, Salz, Cayennepfeffer, Zitronenmelisse (möglichst frisch), 1 EL Cognac, 250 g Rundkornreis.

Zubereitung:

Die Zwiebeln würfeln, das Fruchtfleisch der Ananas aus der Schale lösen und in Stücke schneiden. Den Safran in 2 EL heißer Brühe auflösen. 1 EL Butter und 3 EL Öl im Topf heiß werden lassen, Zwiebeln und Reis darin glasig dünsten, dann mit Wein ablöschen. Bei milder Hitze 5 Minuten schmoren lassen. Den Safran, die Brühe und den Saft einer Zitrone hinzugeben und weitere 25 Minuten garen lassen, dabei ab und zu umrühren. 50 g kalte Butter unter den Reis heben, mit Cayennepfeffer und Salz würzen. 1 EL Butter und 3 EL Öl in einer Pfanne heiß werden lassen, die Scampi darin anbraten, mit Cayennepfeffer würzen und mit Cognac begießen und gar dünsten lassen. Ananas kurz im Sud schwenken, dann alles zum Risotto geben und vorsichtig vermengen. Mit gehackter Zitronenmelisse bestreuen.

Lammkeule

Zutaten:

1 Lammkeule (ca. 1 1/2 kg), 1/8 l Weißwein, 25 ccm Weißweinessig, 2 Sardellenfilets, 2 EL Olivenöl, 2 frische Chilischoten, 2 Knoblauchzehen, 1 EL Rosmarin, 2 Lorbeerblätter, Salz.

Zubereitung:

Fett und Häute der Keule abschneiden. Wein, Essig und Rosmarin mischen. Die gewaschenen Sardellenfilets fein hacken und mit 1 EL Öl im Mörser stampfen, in die Weinmischung rühren. Chilischoten entkernen und in feine Streifen schneiden, den Knoblauch durchpressen. Beides in die Weinmischung rühren. Die Keule in einen Gefrierbeutel legen, die Marinade zugießen, dabei feste Bestandteile auf dem Fleisch verteilen. Beutel fest verschließen. Kühl stellen und 12 Stunden marinieren. Keule aus dem Beutel nehmen, salzen und in einen Schmortopf legen. Marinade und Lorbeer mit dem restlichen Öl hinzufügen. Im vorgeheizten Backofen bei 200 Grad zugedeckt ca. 2 1/4 Stunden braten lassen. Das Fleisch aus dem Topf nehmen, 1/8 Liter heißes Wasser zugießen und aufkochen lassen.

Die Keule mit dem Bratensaft, würzigem Landbrot und Gemüse nach Wahl servieren.

Hähnchenkeulen mit Honig

Zutaten:
8 Hähnchenkeulen, Salz, Pfeffer, süßer und scharfer Paprika, 1/2 Glas Honig.

Zubereitung:
Die Keulen mit den Gewürzen einreiben und auf ein gefettetes Backblech legen. Bei 180 Grad ca. 45 Minuten im Backofen braten, dann mit Honig beträufeln und nochmals 15 Minuten braten lassen.

Durch den Honig bekommen die Keulen eine pikante Kruste.

Man serviert die Hähnchenkeulen mit Weißbrot und gemischtem Salat.

Spaghetti mit Spinatsauce

Zutaten:

500 g Spinat, 1 Zwiebel, 50 g gemahlene Mandeln, 0,1 l Creme fraiche, 2 Knoblauchzehen, Salz, Pfeffer, 1 EL Öl, 250 g Spaghetti.

Zubereitung:

Die feingeschnittene Zwiebel in Öl glasig dünsten. Den Spinat waschen und abtropfen lassen. Die Knoblauchzehen durchpressen. Spinat, Knoblauch, Salz und Pfeffer zu der Zwiebel geben und ca. 5 Minuten bei milder Hitze dünsten, dabei ab und zu umrühren. Die Mischung in einen Mixer füllen und die Creme fraiche langsam dazugießen, pürieren.

Diese cremige Sauce wird zu Spaghetti oder anderen Nudeln nach Wahl gereicht.

Spaghetti mit Hühnerleber

Zutaten:

300 g Spaghetti oder Tagliolini, 500 g Hühnerleber, 250 g Egerlinge, 2 Bund Lauchzwiebeln, 4 - 5 EL Olivenöl, 250 g Creme fraiche, Sherry, Schnittlauch, Salz, schwarzer Pfeffer.

Zubereitung:

Die Nudeln in reichlich Salzwasser al dente kochen. In der Zwischenzeit die Lauchzwiebeln in Scheiben schneiden und in Olivenöl anbraten. Egerlinge putzen und in Scheiben schneiden. Die Sehnen und Häute der Hühnerleber entfernen und in Streifen schneiden. Die Egerlinge und die Leber zu den Lauchzwiebeln geben und so lange braten, bis die Leberstückchen außen braun, innen aber noch rosa sind. Mit Creme fraiche verrühren, kurz aufkochen lassen. Mit Sherry, Pfeffer und Salz abschmecken und mit feingeschnittenen Schnittlauchröllchen bestreuen.

Kartoffelgratin

Zutaten:

1 kg Kartoffeln, 200 g geriebener Emmentaler, 1/4 l Sahne, 2 große Zwiebeln, 2 große Zucchini, Salz, Cayennepfeffer, Kümmel, Petersilie.

Zubereitung:

Kartoffeln schälen und in dünne Scheiben schneiden. Zwiebeln kleinhacken, Zucchini in nicht zu dicke Scheiben schneiden. In eine feuerfeste Form zuerst Kartoffelscheiben legen, mit Kümmel, Salz und Pfeffer würzen. Darauf kleingehackte Zwiebeln streuen. Wieder Kartoffelscheiben darüber legen und würzen wie vorher. Darauf kommt eine Schicht Zucchinischeiben. Diese dick mit Emmentaler bestreuen. Wieder mit den Lagen von vorne beginnen, bis alles aufgebraucht ist. Auf die oberste Lage Kartoffelscheiben kommt eine dicke Schicht Emmentaler. Die Hälfte der Sahne darübergießen und im Backofen bei geschlossenem Deckel ca. 40 Minuten bei 200 Grad garen lassen. Anschließend herausnehmen und die restliche Sahne darübergießen. Zum Schluß noch einmal 10 Minuten im Backofen bei 250 Grad offen überbacken lassen, bis das Gratin goldbraun ist.

Fisch im Umschlag

Zutaten:

1 Lachsforelle von ca. 1,2-1,5 kg, Salz, weißer Pfeffer, 3 Karotten, 1 Stangensellerie, 1 weiße Zwiebel, 2 Knoblauchzehen, evtl. Senf, frische Kräuter: Petersilie, Rosmarin.

Zubereitung:

Forelle waschen und gründlich ausnehmen (Vorsicht! Schleimhaut nicht beschädigen!), abtupfen und anschließend mit Salz und Pfeffer (evtl. mit Senf) einreiben: Für die Füllung die Karotten und den Stangensellerie waschen, schälen und der Länge nach vierteln bzw. den Sellerie grob zerkleinern. Die Knoblauchzehen halbieren, die Zwiebel in Ringe schneiden und die Kräuter grob hacken. Alles im Fisch verteilen, diesen dann vorsichtig zuklappen und in eine dicke Alufolie einschlagen.

In den vorgeheizten Backofen (Umluftherd: 180-220 Grad, Elektroherd: 220 Grad) legen und nach ca. 20 Minuten vorsichtig umdrehen. Garzeit je nach Gewicht: 30-45 Minuten.

Zum Schluß die Forellen filetieren, je nach Geschmack mit oder ohne Sud servieren.

Dazu passen junge Kartoffel in Butter geschwenkt, oder Salzkartoffeln mit zerlassener Butter und Feldsalat.

Hühnercurry

Zutaten:

300 g Langkornreis, 4 Hähnchenbrustfilets, 300 g geschälte Shrimps, 1 Dose Ananas, 125 g Creme fraiche, Curry, Kurkuma, Wodka, Salz, Pfeffer, Zitronenmelisse, Öl.

Zubereitung:

Den Reis bei milder Hitze garen. Die Hühnerbrustfilets in einer Pfanne mit etwas Öl anrösten, die Hälfte der Ananas dazugeben, mit mildem Curry und Kurkuma würzen, Creme fraiche unterrühren, mit Wodka flambieren, dann aufkochen lassen. Die Shrimps in einer Pfanne kurz anbraten und würzen. Die andere Hälfte der Ananas und die restliche Creme fraiche mit den Shrimps mischen. Anschließend alles mit dem inzwischen fertig gegarten Reis vermengen.

Fischgericht à la Provence

Zutaten:

Fischpfanne von Iglo, 0,2 l Sahne, 4 reife Tomaten, 100 g schwarze entsteinte Oliven, 1 Likörglas Pernod, Estragonblätter.

Zubereitung:

Die tiefgefrorene Fischpfanne nach Vorschrift erhitzen. Die Sahne, das kleingewürfelte Fruchtfleisch der enthäuteten und entkernten Tomaten und die kleingeschnittenen Oliven hinzufügen. Zum Schluß den Pernod unterrühren und das Ganze mit Salz und Pfeffer abschmecken und mit fein gezupften Estragonblättern bestreuen.

Dazu paßt am besten Reis.

Seezunge in Weißwein

Zutaten:

1 Stange Lauch, 1 Stange Bleichsellerie, 1 Zwiebel, 1 Schalotte, 20 g Butter, 8 Seezungenfilets, etwas Mehl zum Bestäuben, Salz, Pfeffer, 0,1 l Weißwein, 0,1 l Sahne, Petersilie.

Zubereitung:

In einem Schmortopf die Butter zerlassen, das geputzte, kleingeschnittene Gemüse 10 Minuten darin dünsten. In eine feuerfeste, gebutterte Form geben. Fischfilets in Mehl wenden, zusammengeklappt in die Form legen, den Wein hinzufügen, salzen und pfeffern. Bei geschlossenem Deckel bei 200 Grad 5 Minuten schmoren lassen. Sahne hinzufügen und offen noch weitere 5-10 Minuten garen. Mit Petersilie bestreuen.

Dazu paßt frisches Weißbrot.

Ungarische Bouillabaisse

Zutaten:

375 g Karpfen, 375 g Hecht, 375 g Aal, 1/2 Sellerie, 1 Lauchstange, 2 Karotten, 2 Zwiebeln, 2 Tomaten, 1 Paprikaschote, Zitronensaft, Salz und Pfeffer, 1 Knoblauchzehe, Butter.

Zubereitung:

Fisch in Stücke schneiden. Köpfe und Gräten mit kleingeschnittenen Karotten, Zwiebeln, Sellerie und Lauch zu einer kräftigen Brühe auskochen. Die Fischstücke mit in Streifen geschnittenem Paprika und den enthäuteten, entkernten und gewürfelten Tomaten in Butter anbraten. Dann mit dem durchgeseihten Fischsud auffüllen, leicht kochen lassen und mit Salz, Pfeffer, durchgepreßtem Knoblauch und Zitronensaft abschmecken.

Rucola-Tagliolini

Zutaten:

500 g Tagliolini, 150 g Butter, 1/4 l Sahne, 100 g geriebener Parmesan, 1/2 Zitrone, 100 g Rucola (Rauke), Salz und Pfeffer.

Zubereitung:

Tagliolini in reichlich Salzwasser bißfest kochen. Rucola waschen und kleinschneiden. 150 g Butter in eine Kasserolle geben, Zitronensaft und Sahne hinzufügen und unter ständigem Rühren erhitzen. Mit Salz und Pfeffer würzen. Die Sauce über die Tagliolini gießen und mit abgezupften Rucolablättchen verzieren. Zuletzt den Parmesan darüberstreuen.

Knoblauchgratin

Zutaten:

Pro Person: 10-12 schöne geschälte Knoblauchzehen, 2 EL Sahne, 1 EL geriebener Parmesan, etwas Butter, Salz und Pfeffer.

Zubereitung:

Ganze, geschälte Knoblauchzehen in gut gesalzenem Wasser ca. 10 Min. blanchieren. Mit der Gabel prüfen, ob sie noch Biß haben. Abseihen und in gebutterte Gratinförmchen legen. Parmesan und Sahne zu einem Brei rühren und über dem Knoblauch verteilen. Nach Geschmack mit Salz und Pfeffer würzen. Im vorgeheizten Backofen bei 250 Grad gratinieren, bis die Spitzen der Knoblauchzehen braun werden. Heiß servieren.

Dazu paßt getoastetes Brot und zum Trinken ein trockener Weißwein.

Tip: frische Petersilie mildert den Mundgeruch.

Auberginenauflauf

Zutaten:

4 große oder 8 kleine Auberginen, 4 große Fleischtomaten, Olivenöl, Petersilie, Oregano, Salz, Pfeffer, Zitronensaft, 200 g Bel Paese (ital. Weichkäse), 100 g Parmesan.

Zubereitung:

Auberginen in Scheiben schneiden. Mit Zitronensaft beträufeln und salzen. In Olivenöl anbraten. Anschließend werden abwechselnd Auberginenscheiben, Tomatenscheiben, Käse und Kräuter in eine feuerfeste Form geschichtet. Zum Schluß Butterflöckchen darüber verteilen, mit Parmesan bestreuen und erneut mit Oregano, Salz und Pfeffer würzen. Dann bei mittlerer Hitze 30-40 Minuten im Backofen garen lassen.

Pellkartoffeln mit Specksauce

Zutaten:

1 kg Kartoffeln, 1 EL Salz, 1 EL Kümmel, 200 g durchwachsener Speck (Wammerl), 1 EL. Mehl, 1/2 l Buttermilch, Pfeffer, (nach Belieben gehackte Petersilie und Schnittlauch).

Zubereitung:

Die Kartoffeln in Salzwasser mit Kümmel je nach Größe 20 bis 40 Minuten kochen lassen. In der Zwischenzeit den Speck in einem Bratentopf auslassen, 1 EL Mehl darüberstreuen und unter Rühren anschwitzen lassen. Die Buttermilch dazugießen und ca. 15 Minuten bei schwacher Hitze simmern lassen, dabei ständig rühren. Anschließend nach Belieben gehackte Kräuter einrühren und evtl. etwas pfeffern. Die Sauce zu den fertig gekochten, gepellten Kartoffeln servieren.

Ossobuco

Zutaten:

1 Kalbshaxe, etwas Mehl, 1/8 l Öl, Salz, Pfeffer, 1/8 l Weißwein, 1/8 l Fleischbrühe, 2 Nelken, 1 Zwiebel, 1 Knoblauchzehe, 1 Karotte, 1 Stange Lauch, 1 Scheibe Sellerie, etwas abgeriebene Schale einer unbehandelten Zitrone, Salbei, Thymian, Rosmarin, 2 TL Tomatenmark. Tomaten und Petersilie nach Belieben.

Zubereitung:

Kalbshaxe vom Metzger in 5-6 Scheiben schneiden lassen. In Mehl wälzen, in einer Pfanne in heißem Öl auf beiden Seiten goldbraun braten, salzen und pfeffern. Das Fleisch in einen Schmortopf geben, mit Wein und Brühe begießen und die Nelken dazugeben, bei 200 Grad zugedeckt ca. 1 Stunde schmoren. In der Zwischenzeit die Zwiebel hacken und im restlichen Öl zusammen mit einer zerdrückten Knoblauchzehe, der geschnittenen Karotte, dem in Ringe geschnittenen Lauch und dem gewürfelten Sellerie anbraten, Gewürze und Tomatenmark dazugeben, gründlich durchrühren und einige Minuten schmoren lassen. Gemüsemischung in die Fleischbrühe rühren, zudecken und das Fleisch fertig garen. Haxenscheiben mit der Sauce, die man je nach Geschmack durch ein Sieb passiert, anrichten.

Dazu passen körnig gekochter Reis oder in Butter geschwenkte, mit Reibkäse bestreute Spaghetti.

Tip: Gewürze je nach Geschmack variieren. Enthäutete, gewürfelte Tomaten nach Belieben dazugeben. Evtl. mit gehackter Petersilie bestreuen.

Bouillabaisse auf Marseiller Art

Zutaten:

2 1/2 kg Fisch: Drachenkopf, Rotbarbe, Knurrhahn, Meeraal, Petersfisch, Weißling, 500 g Languste (gefrorene Langustenschwänze eigenen sich gut), das Weiße von 2 Lauchstangen, 2 große Zwiebeln, 250 g Tomaten, 2 Knoblauchzehen, 100 ccm Olivenöl, reichlich Petersilie, 3 Lorbeerblätter, 1 Msp. Safran, 1 EL Pfefferkraut, 1 EL Fenchelkraut, Salz.

Zubereitung:

Die Fische gut waschen und in Stücke schneiden. Die Zwiebeln und den Lauch in dünne Scheiben schneiden und in Öl ganz hell anrösten.

Die geschälten, entkernten und grobgehackten Tomaten sowie den zerdrückten Knoblauch beifügen. Sobald die Tomaten weich sind, Fisch und Languste, mit Ausnahme der Rotbarben und Weißlinge, hinzugeben, mit so viel Wasser aufgießen, daß sie gerade bedeckt sind, leicht salzen, grobgehackte Petersilie, eine Messerspitze Safran, Lorbeerblätter, Fenchelkraut und Pfefferkraut hinzufügen, den Rest des Öls hineingießen und bei starker Hitze 8-10 Minuten kochen. Durch die hohe Hitze gibt das Öl schon eine gewisse Bindung. Um die Bindung noch zu erhöhen, kommen jetzt Weißling und Rotbarbe hinzu. Weitere 10 Minuten kochen. Die Bouillon abseihen und den Fisch auf einer vorgewärmten Platte anrichten.

Die Brühe in eine Suppenterrine über dünngeschnittene Scheiben Baguette gießen und die Fische auf einer Platte anrichten (Languste in Stücke schneiden). Beides zur gleichen Zeit servieren.

Tip: Zusammen mit den Fischen frischen „Abfall“ (Köpfe etc.) kaufen und in leicht gesalzenem Wasser kochen und anschließend durchseihen. Dies ergibt einen kräftigen, schmackhaften Sud, den man statt des Wassers an die Bouillabaisse angießt.

Es schmeckt besser, wenn man jeden Fisch einzeln kocht und somit die jeweilige Garzeit einhält. Der Fisch kann dann in Warmhalteschüsseln zum Verzehr bereitgehalten werden.

Variation: Man kann die ausgelösten Fischstücke auch in die fertige Suppe geben, umrühren und mit (geröstetem) frischem Weißbrot servieren.

Gemüseauflauf mit Kürbiskernen

Zutaten:

1 Kohlrabi, 1 Stange Lauch, 150 g Möhren, 150 g kleine Zucchini, 1 rote Paprika, 150 g Tomaten, 1 Bund Thymian, 1 Knoblauchzehe, Salz, Pfeffer, Cayennepfeffer, 4 Eier, 125 g Sahne, 75 g Bergkäse, 40 g Kürbiskerne, 10 g Butter.

Zubereitung:

Kohlrabi in dünne Stifte schneiden, Lauch in feine Ringe, Möhren in Würfel, Zucchini in dicke Stifte und Paprika in Streifen schneiden. Kurz in siedendem Salzwasser blanchieren. Dann in einem Sieb abtropfen lassen und mit durchgepreßtem Knoblauch und gehacktem Thymian vermischen. Tomaten überbrühen, enthäuten, entkernen, vierteln und unter das Gemüse mischen. Eier trennen. Eigelb mit der Sahne, den Gewürzen und dem geriebenen Bergkäse verrühren. Zusammen mit der vorbereiteten Gemüsemischung verrühren. Das Eiweiß steif schlagen und unterheben. Gemüsemasse in eine gebutterte Auflaufform geben und mit Kürbiskernen bestreuen. Butterflöckchen auf den Auflauf geben und im Backofen bei 200 Grad 45 Minuten überbacken.

Kartoffelkas

Zutaten:

1,5 kg am Vortag gekochte Kartoffeln, 2 mittelgroße Zwiebeln, 1 Bund Schnittlauch, etwas Kümmel, Salz, Pfeffer, Paprika edelsüß, 2 Becher Creme fraiche, 1-2 Becher Sauerrahm.

Zubereitung:

Kartoffeln reiben, feingeschnittene Zwiebeln und Schnittlauchröllchen dazugeben. Creme fraiche und Sauerrahm dazugeben und alles vermischen. Mit Gewürzen abschmecken.

Zu frischem Butterbrot reichen.

Vitello alla napoletana

Zutaten:

600 g Kalbfleisch (Filet), 8 EL frische Erbsen (oder aus der Tiefkühltruhe), 1 Zwiebel, 4 Knoblauchzehen, 800 g Fleischtomaten, etwas Öl, Salz und Pfeffer, Weißwein, 4 TL körnige Brühe, 4 Scheiben Schinken, 4 EL gehackte Petersilie, 0,2 l Sahne.

Zubereitung:

Kalbfleisch in Streifen schneiden. Zwiebel kleinhacken und die Knoblauchzehen zerdrücken. Die Tomaten überbrühen, enthäuten, austropfen lassen, dann klein-schneiden. In heißem Öl die Tomaten mit dem Wein und der körnigen Brühe 10 - 15 Minuten einkochen lassen. In einer Pfanne Zwiebel und Knoblauch glasig dünsten. Fleisch, Salz und Pfeffer dazugeben. Ca. 5 Minuten anbraten. Tomatensauce beifügen und 2 - 3 Minuten bei kleiner Hitze schmoren. Erbsen, Schinkenstreifen, Petersilie und Sahne einrühren. Abschmecken. Noch einmal rasch erhitzen, aber nicht mehr kochen!

Mit Nudeln servieren.

Kässpätzlevariation

Für 8 Personen

Zutaten:

500 g Mehl, 8 Eier, Milch nach Bedarf, Salz, (Fondor), 350 g Emmentaler (anteilig auch Appenzeller oder Pyrenäenkäse oder anderen Bergkäse), 3-4 Camembert oder Brie, 500 g Zwiebeln, 20 g Butter.

Zubereitung:

Mehl in eine Schüssel geben, 8 Eier von der Mitte aus hineinrühren. Mit etwas Milch zu einem geschmeidigen Teig verrühren bis er Blasen schlägt. Mit Salz (und Fondor nach Belieben) würzen. Spätzle in kochendes Salzwasser hobeln. Den Hartkäse reiben, den Weichkäse würfeln. Zwiebeln in dünne Ringe schneiden und in Butter goldgelb braten. Feuerfeste Form mit Butter einfetten. Abwechselnd Spätzle, Käse und Zwiebeln schichten. Zuoberst Zwiebeln verteilen. Mit Butterflöckchen bestreuen. Im Backofen bei 170 Grad ca. 30 Minuten überbacken.

Moussaka

Zutaten:

4 Zwiebeln, 2 Knoblauchzehen, 3 Tomaten, 1/2 Töpfchen Oregano oder 1 Bund, ca. 180 ml Olivenöl, 800 g gemischtes Hackfleisch, 4 EL Tomatenmark, Salz, Pfeffer, Zimt, 4 Auberginen (ca. 800 g), 1/4 l Milch, 3 Eier, 20 g Mehl, 20 g Butter oder Margarine, 8 EL geriebener Parmesankäse.

Zubereitung:

Zwiebeln und Knoblauch hacken. Tomaten würfeln. Oreganoblätter hacken. 2 EL Öl erhitzen, Hackfleisch anbraten. Zwiebeln, Knoblauch, enthäutete, kleingeschnittene Tomaten, Tomatenmark, Oregano zufügen und ca. 5 Minuten schmoren lassen. Mit Salz, Pfeffer, Zimt würzen, dann aus der Pfanne nehmen. Auberginen putzen und längs in Scheiben schneiden, in Öl anbraten. Auf Küchenpapier abtropfen lassen. Milch, Eier und Mehl verrühren. Unter ständigem Rühren langsam erwärmen, Margarine oder Butter einrühren und aufkochen lassen. Mit Salz und Pfeffer würzen. In einer Auflaufform die Auberginen mit der Hälfte des Parmesans bestreuen und mit dem gebratenen Hackfleisch bedecken. Die Sauce aus der Milch, den Eiern und dem Mehl darauf verteilen und mit restlichem Käse bestreuen. Im Backofen 30 Minuten bei 200 Grad überbacken.

Überbackener Lauch

Zutaten:

8 Stangen Lauch, 40 g Butter, 1 Zwiebel, 4 EL Mehl, 1/4 l Brühe (vom Lauch), 1/4 l Milch, 1/8 l Sahne, Eigelb, 100 g geriebener Parmesankäse, 40 g Schinkenwürfel, Salz, Pfeffer.

Zubereitung:

Den Lauch säubern, der Länge nach durchschneiden und in Salzwasser 10 Minuten kochen. Brühe aufheben. Anschließend Lauch in eine Auflaufform geben.

Bechamelsauce: Butter erhitzen, Zwiebel darin glasig dünsten, Mehl darüberstreuen, hell anbraten und mit Lauchbrühe und Milch ablöschen. Sahne und Eigelb unter die Sauce rühren.

Die Bechamelsauce über den Lauch gießen. Mit Schinkenwürfeln und Käse bestreuen und bei 200 Grad 30 Minuten überbacken.

Dazu Pellkartoffeln und Spiegeleier reichen.

Fränkischer Sauerbraten

Zutaten:

1kg Rinderbraten guter Qualität (Schulterspitze, Blume oder Schwanzrolle), 1/4 l Rinderfond von Suppenfleisch.

Marinade: *ca. 1 l Buttermilch, 1/2 l trockener Rotwein, 1/8 l Essig, 1 Zwiebel, 5 Lorbeerblätter, 5 Nelken, 1 EL Pfefferkörner, 20 Wacholderbeeren, 2 Zehen gepreßter Knoblauch.*

Sauce: *1 Petersilienwurzel, 1 Stange Porree, 1/2 Sellerie, 2 Möhren, 1 Zwiebel.*

Schmoren: *Salz, Pfeffer, 4 EL Öl, 30-40 g Speck, Thymian, Rosmarin, Liebstöckel, Zitronenmelisse, ein wenig Koriander, Zitronenschale und Majoran, 1/4 l Creme fraiche, 1/2 Stück Saucenlebkuchen.*

Zubereitung:

Marinieren: Das Fleisch 24 Stunden in Buttermilch einlegen, danach gut abtrocknen. Weitere 24 Stunden in 1/2 l Rotwein einlegen, den Essig und die Marinadengewürze hinzugeben, je nach Größe des Topfes mit Wasser auffüllen. Das Fleisch muß in beiden Fällen vollkommen mit Marinade bedeckt sein.

Sauce: Petersilienwurzel, Porree, Sellerie, Möhren und Zwiebel kleinschneiden, die Rotweinmarinade samt Zutaten dazugeben und mit dem Rinderfond 40 Minuten auf kleiner Hitze kochen, evtl. die stark reduzierte Flüssigkeit mit Wasser ergänzen (im Dampftopf 10 Minuten und anschließend 15 Minuten kochen, damit die Flüssigkeit reduziert).

Mit dem Mixer das Gemüse und die Gewürze pürieren

und durch ein Sieb streichen - so wird die Sauce sämig. Den Saucenlebkuchen in ein wenig Wasser auflösen und in die Sauce geben. Die Sauce beiseite stellen.

Schmoren: Das Fleisch mit Salz einreiben. Den Schmortopf mit etwas Öl erhitzen, den Speck kleinschneiden und mit dem Fleisch kurz anbraten, mit 1/4 l Sauce ablöschen, die Gewürze dazugeben. Dann zugedeckt in die auf 200 Grad vorgeheizte Röhre geben, nach 1/2 Stunde mit etwas Sauce übergießen. Nach einer weiteren halben Stunde die restliche Sauce mit der Creme fraiche zufügen.

Nach ca. 2 Stunden Bratzeit die Sauce mit Essig, Salz und Pfeffer abschmecken und evtl. mit Rotwein verlängern.

Dazu unbedingt rohe Klöße (aus abgepacktem Kloßteig) servieren. Als Getränk paßt Rotwein ausgezeichnet.

Fleischpflanzerl

Zutaten:

400 g gemischtes Hackfleisch, 50 g gekochter Schinken, 30 g Schinkenspeck. 2-3 ältere Semmeln, 1/8 l Milch, 2 Zwiebeln mittlerer Größe, 1 Knoblauchzehe, 2 EL Olivenöl, 1 Bund Petersilie, 2 Eier, 1 Messerspitze scharfen Senf, Salz, Pfeffer, geriebene Muskatnuß, Majoran, Bohnenkraut, Salbei. Öl und Butter zum Braten.

Zubereitung:

Das Brot in dünne Scheiben schneiden, mit der warmen Milch übergießen und durchweichen lassen.

Zwiebeln und Knoblauch kleinschneiden und in etwas Öl dünsten. Petersilie hacken und mit den Gewürzen am Ende kurz mitdünsten. Abkühlen lassen.

Das Hackfleisch mit dem eingeweichten Brot, den angedünsteten Zwiebeln und dem Eigelb der beiden Eier gut vermischen. Mit Salz und Pfeffer abschmecken, die Fleischpflanzerl formen. In Butter oder Öl bei mittlerer Hitze schön knusprig braten.

Anmerkung: Wenn Sie frische Gewürze verwenden, sollten sie etwas feiner gehackt werden als die Petersilie. Je nach Geschmack können Sie die Gewürzmischung noch mit ein wenig Thymian und Liebstöckel verfeinern. Diese dürfen aber keinesfalls vorschmecken.

Blumenkohlauflauf

Zutaten:

1 Blumenkohl, 300 g gekochte Kartoffeln, 300 g Beinschinken, 100 g geriebener Käse (Greyerzer oder ein würziger Hartkäse), 150 g Erbsen aus der Dose oder frisch gekocht.

Sauce: *50 g Butter, 1 Zwiebel, 40 g Mehl, 0,25 l Rindfleischbrühe, 0,25 l Sahne, eine Prise Anis und Kümmel, 2 Eigelb, Salz, etwas gehacktes Liebstöckel, Pfeffer.*

Zubereitung:

Den Blumenkohl waschen und ungefähr 15 Minuten in gesalzenem Wasser nicht zu weich kochen. Dann, klein zerteilt, in reichlich gebutterte Auflaufform legen.

Die Kartoffeln in 5 mm dicke Scheiben schneiden und zusammen mit den Erbsen um den Blumenkohl verteilen. Den Schinken in Würfel schneiden und darüberstreuen.

Die Sauce gleichmäßig über alle Zutaten in die Auflaufform gießen. Mit geriebenem Käse bestreuen und bei 220 Grad 15 bis 20 Minuten überbacken.

Zubereitung der Sauce: Die Butter in einer Pfanne zerlassen, die klein geschnittenen Zwiebeln zufügen und anschwitzen. Mehl darüberstäuben, ebenfalls anschwitzen. Mit Brühe ablöschen, glattrühren und kurz einkochen lassen. Dann die Sahne zugießen (etwa 2 EL zurückbehalten), weitere 7-8 Minuten kochen lassen. Die Sauce mit Salz und Pfeffer kräftig abschmecken, Anis und Kümmel mit dem Liebstöckel zufügen. Das Gelb der beiden Eier mit der restlichen Sahne vermischen und neben dem Feuer einziehen.

Nachspeisen

Desserts

Blitz-Dessert

Zutaten:

1 Tasse Orangenmarmelade, 2 EL Rum, 3 Eier, 2 - 3 EL Sultaninen, 1 Zitrone, 3 EL geriebene Mandeln oder Haselnüsse, 1/4 l Sahne.

Zubereitung:

Die Eier trennen. Eigelb mit geschlagener Sahne und der Marmelade gut verrühren. Die restlichen Zutaten und den Saft der Zitrone zufügen. Das Eiweiß steif schlagen und unterheben. Die Masse in Gläser füllen und mindestens 2 Stunden in den Kühlschrank stellen.

Ananasdessert

Zutaten:

1 frische Ananas, 4 Becher Sahne a 125 ml, 4 - 6 Baisers, Zucker nach Belieben, 50 g gestiftelte oder gehobelte Mandeln, etwas Butter.

Zubereitung:

Die Sahne steif schlagen und nach Belieben leicht zuckern. Die in Stücke geschnittene Ananas unterziehen. Die Baisers grob zerbröseln und ebenfalls vorsichtig unterrühren. Die Mandeln in Butter leicht rösten und erkalten lassen. Die Masse in eine Glasschüssel füllen und mit den gerösteten Mandeln bestreuen.

Apfelwaffeln

Zutaten:

250 g Butter, 75 g Zucker, 4 Eier, 250 g Mehl, 1 TL Backpulver, 1/8 l lauwarme Milch, 300 g saure Äpfel (z.B. Boskop), 50 g feingehackte Haselnüsse, etwas abgeriebene Schale einer unbehandelten Zitrone. Zum Bestreuen: Zimt und Zucker.

Zubereitung:

Die Butter schaumig schlagen. Den Zucker, die Eier, das mit Backpulver vermischte Mehl, die Milch, die Haselnüsse und die Schale der Zitrone nach und nach unterrühren. Die Äpfel schälen und in kleine Würfel schneiden. Sofort unter den Teig rühren. Im eingefetteten Waffeleisen backen und zum Servieren mit Zimtzucker bestreuen.

Gelbe Grütze

Zutaten:

4 Orangen, 4 rosa Grapefruits, 2 gelbe Grapefruits, 45 g Speisestärke, 50 g Zucker, abgeriebene Schale einer unbehandelten Zitrone, Schlagsahne nach Belieben.

Zubereitung:

2 Orangen und 2 rosa Grapefruits filetieren. Die restlichen Früchte auspressen und auf 1/2 Liter Saft auffüllen. Die Speisestärke, Zucker und Zitronenschale einrühren und alles kurz aufkochen lassen. Die Fruchtfilets hinzufügen und die Grütze kaltstellen.

Die Grütze mit geschlagener Sahne servieren.

Bananendessert

Zutaten:

4 reife Bananen, ca. 50 g Butter, 4 EL Creme fraiche, 4 EL Honig, Krokantsplitter, 1 Packung Vanilleeis.

Zubereitung:

Die Bananen in zerlassener Butter langsam bräunen, mit jeweils 1 EL Creme fraiche und der gleichen Menge Honig bestreichen, mit Krokantsplittern bestreuen und zu Vanilleeis servieren.

Arme Ritter mit Topfenhaube

Zutaten:

4 Scheiben Toastbrot, 4 gehäufte EL Topfen, 4 TL Preiselbeergelee, etwas Orangensaft, Zucker mit Zimt gemischt, 4 Eier, Milch, Butter, Zucker.

Zubereitung:

Den Topfen mit dem Preiselbeergelee und dem Orangensaft leicht cremig anrühren. Toast in Milch vollsaugen lassen und dann in geschlagenem Ei wenden. In einer Pfanne mit etwas Butter langsam braten. Nach dem Wenden die Pfanne vom Herd nehmen und etwas Zimtzucker auf die Toastscheiben streuen. Die Topfenmasse aufstreichen. Dann einen Deckel auflegen, damit alles gut durchwärmt. Etwas heiße Butter, die mit Zucker vermischt wurde, vor dem Servieren aufträufeln.

Orangendessert

Zutaten:
4 Blutorangen, Zucker, Zimt, Calvados, Schlagsahne.

Zubereitung:
Von den Blutorangen die weiße Haut möglichst vollständig entfernen. Dann die Früchte in Scheiben schneiden und auf einem flachen, großen Teller drapieren. Mit Zimt und Zucker bestreuen, mit Calvados beträufeln und kurz im Eisschrank kaltstellen. Mit Schlagsahne servieren.

Himbeer-Dessert

Zutaten:

2 Pakete tiefgefrorene Himbeeren, 1 Eigelb, 1/8 l Sahne, 2-3 EL Zimtsirup, weißer Rum, evtl. Minzeblätter.

Zubereitung:

Die Himbeeren auftauen lassen (einige zum Dekorieren aufheben) und mit dem Eigelb, der Sahne, dem Sirup und einem Schuß Rum vermischen. Mit dem Schneidestab eines elektrischen Mixers verquirlen. Gut kühlen und evtl. mit ein paar Himbeeren oder Minzeblättern garnieren.

Erdbeer-Rhabarber-Kompott

Zutaten:

500 g Rhabarber, 500 g Erdbeeren, 6 saftige Orangen, 0,2 l Weißwein, etwas Cointreau.

Zubereitung:

Den Rhabarber waschen, in ca. 5 cm lange Stücke schneiden und in wenig Wasser weichkochen. Den Saft der Orangen und den Weißwein hinzugießen. Die gewaschenen und geviertelten Erdbeeren hinzugeben und bei schwacher Hitze weitere 2 - 3 Minuten kochen. Zum Schluß mit Cointreau und evtl. etwas Zucker süßen. Einige Stunden kaltstellen.

Erdbeerdessert

Zutaten:

750 g Erdbeeren, 1/8 l Erdbeerlikör, 50g Puderzucker, 500 g Mascarpone, 100 g Löffelbiskuits.

Zubereitung:

500 g der gewaschenen und abgetrockneten Erdbeeren (einige zum Dekorieren aufheben) mit 2 EL Erdbeerlikör mischen und zugedeckt beiseite stellen.

Die restlichen Erdbeeren mit dem Puderzucker bestäuben und pürieren. 2 EL Püree mit dem restlichen Erdbeerlikör mischen. Das übrige Püree mit einem Schneebesen unter den Mascarpone rühren. Eine breite Glasschüssel mit Löffelbiskuits auslegen. Mit einem Pinsel reichlich Püree-Likörmischung auf die Biskuits streichen. Die Hälfte der Marcarpone-Erdbeercreme darüberschütten und glattstreichen. Die restlichen Biskuits darauf verteilen und mit der restlichen Likörmischung bestreichen. Die verbliebene Erdbeer-Mascarponecreme darauf schichten und glattstreichen. Die eingeschichtete Creme 2-3 Stunden im Eisschrank kühlen lassen. Die beiseite gelegten Erdbeeren vor dem Servieren auf die fertige Speise verteilen.

Der kühle Kuß der Inseln

Zutaten:

8 Birnen, 2 Zitronen, 400 g Zucker, 1 l Wasser, Schokoldeneis, 0,4 l Weißwein, 100 ccm Rum, 8 Eigelb, 150 g Zucker, 2 Blatt Gelatine, 1/4 l Sahne.

Zubereitung:

Birnen schälen und halbieren. Wasser mit Zitronensaft und Zucker aufkochen lassen, Birnenhälften in diesem Sirup nicht zu weich kochen. Weißwein und Rum erhitzen. Eigelb mit dem Zucker schaumig schlagen. Gelatine in kaltem Wasser einweichen. Eigelbmasse in die heiße Flüssigkeit einrühren und ca. 10 Minuten auf kleiner Flamme kochen lassen, dabei ständig rühren. Ausgedrückte Gelatine in dem Weinschaum auflösen. Zum Schluß die geschlagene Sahne unterheben. Kalt stellen. Zum Servieren die Weinsauce über die Birnenhäften und das Schokoladeneis geben.

Kuchen

Rüdigers Geburtstagstorte

Zutaten:

Fertiger Wiener Boden vom Bäcker, zweimal durchgeschnitten.

Füllung: *1 kg Johannisbeeren, 4 EL Zitronensaft, 60 g Puderzucker, 5 Blatt rote Gelatine.*

Johannisbeersahne: *250 g rote Johannisbeeren, 50 g Puderzucker, 5 Blatt weiße Gelatine, 3/8 l Schlagsahne, 6 cl Cassis.*

Garnierung: 3/4 l Schlagsahne, 2 Päckchen Vanillezucker, 250 g Johannisbeeren.

Zubereitung:

Füllung: Die Johannisbeeren waschen und abzupfen. Zitronensaft und Puderzucker untermischen und kalt stellen. Die rote Gelatine in kaltem Wasser einweichen. Für die Sahne die Beeren waschen und zupfen und mit dem Puderzucker pürieren; ebenfalls kaltstellen. Die weiße Gelatine in kaltem Wasser einweichen.

Vom durchgeschnittenen Tortenboden den untersten nehmen und auf eine Kuchenplatte legen. Die rote Gelatine naß bei milder Hitze auflösen und unter die Johannisbeeren rühren. Wenn die Gelatine zu stocken beginnt, die Beeren dick und gleichmäßig auf den Boden streichen und kalt stellen.

Die Schlagsahne steif schlagen und die bei milder Hitze aufgelöste weiße Gelatine mit der Sahne unter das Johannisbeerpüree ziehen. Die Sahne auf die Fruchtschicht streichen, den zweiten Boden darüberlegen, leicht andrücken und mit 3 cl Cassis beträufeln. Über Nacht in den

Kühlschrank stellen oder mindestens 3 bis 4 Stunden kalt stellen.

Garnierung: 1/4 l Schlagsahne mit 1 Päckchen Vanillezucker steif schlagen und auf die Torte streichen. Den dritten Boden darüberlegen und mit dem restlichen Cassis beträufeln. Die restliche Sahne mit einem Päckchen Vanillezucker steif schlagen und die Torte rundherum einstreichen. Die Johannisbeeren darauf verteilen und die Torte noch eine Stunde in den Kühlschrank stellen.

Französischer Igel

Zutaten:

Biskuitteig: *125 g feiner Zucker, 4 Eier, abgeriebene Schale einer unbehandelten 1/2 Zitrone, 125 g Mehl, Semmelbrösel.*

Französische Kaffee-Creme: *5 Eigelb, 120 g Zucker, 3-4 EL starker schwarzer Kaffee, 180-200 g Butter, gestiftelte Mandeln, 20 g Butter.*

Zubereitung:

Biskuitteig: Den Zucker mit den Eigelb und der Zitronenschale schaumig rühren, den fest geschlagenen Eischnee unterheben und das feingesiebte Mehl vorsichtig unterziehen.

Eine Bischofsform mit Butter oder Margarine einfetten und mit wenig Semmelbrösel bestreuen, den Teig einfüllen und bei geringer Temperatur (120 Grad) ca. 1 bis 1 1/2 Stunden backen. Den Kuchen über Nacht stehen lassen. Am nächsten Tag der Länge nach in 3 bis 4 Scheiben schneiden und folgende Creme einfüllen; auch von außen gut bestreichen.

Französische Kaffee-Creme: Die Eigelb mit dem Zucker und dem Kaffee im heißen Wasserbad rühren, bis die Masse dick wird (nicht zum Kochen bringen lassen!), dann auskühlen lassen. Die Butter schaumig rühren, die Masse löffelweise dazugeben und so lange rühren, bis eine schöne gelbliche Creme entstanden ist. Den Kuchen mit der Creme füllen, bestreichen, und mit hell gerösteten, gestiftelten Mandeln von allen Seiten verzieren.

Schwedischer Schokoladenkuchen

Zutaten:

Teig: *150 g Butter, 200 g Zucker, 225 g Mehl, 2 Eier, 1/8 l Milch, 3 EL Kakao, 1 El Backpulver, 1 Vanillezucker, abgeriebene Schale von 1/2 unbehandelten Orange.*

Füllung: *100 g Butter, 1 Becher Sahne, 4 EL Zucker, 2 EL Mehl, 2 EL Kokosraspeln.*

Zubereitung:

Teig: Die Butter schmelzen, Eier und Zucker schaumig rühren. In die Masse langsam die Milch und die restlichen, trockenen Zutaten einrühren. Den Teig auf ein gefettetes Blech streichen und etwa 10 bis 15 Minuten bei 225 Grad backen. Abkühlen lassen.

Füllung: Die Zutaten unter ständigem Rühren ca. 4 bis 5 Minuten dicklich einköcheln lassen. Dann auf den Teig streichen und erkalten lassen. Den Kuchen in rautenförmige Stücke schneiden.

Tante Betty's Applepie

Zutaten:

Füllung: *4 feingeschnittene Äpfel, 1/2 Tasse Orangensaft.*

Guß: *1 Tasse Zucker, 1 Tasse Mehl, 1 TL Zimt, 100 g Butter, Muskat nach Belieben. Schlagsahne.*

Zubereitung:

Füllung: Die Äpfel in einer Pie- oder Glasform verteilen und mit dem Orangensaft begießen.

Guß: Die Zutaten vermischen und zu Streuseln kneten und über die Äpfel verteilen. Bei starker Hitze 45 Minuten backen und noch warm mit Schlagsahne servieren.

Schmeckt kalt ebenfalls gut. Statt der Äpfel kann man auch Birnen verwenden.

Pain brioche oder Sonntagsbrot

Zutaten:

400 g Mehl, 200 ccm Milch, 15 g Hefe, 1 Eigelb, 1/2 TL Salz, 40 g Butter, 40 g Zucker. 1 Eigelb zum Bestreichen.

Zubereitung:

Die Milch leicht erwärmen und die Hefe darin auflösen. Die Mischung zum Mehl geben. Eigelb, Salz, Butter und Zucker langsam mit dem Knethaken der Küchenmaschine einrühren. Ein Küchenhandtuch mit Mehl bestäuben, den Teigballen hineinlegen und erneut mit Mehl bestäuben. Zudecken und auf einem Holzbrett gehen lassen. Den Backofen auf 180 bis 200 Grad vorheizen. Wenn der Brotteig aufgegangen ist, wird er nochmals durchgeknetet und in ein bemehltes Tuch gewickelt. Eine längliche Brot- oder Kuchenform mit zerlassener Butter einfetten und mit Mehl bestäuben. Den Teig flach drücken und zu einer Wurst rollen. Mit der Öffnung nach unten in die Form legen, mit Eigelb bestreichen und 50 Minuten backen.

Preiselbeerkuchen

Zutaten:

Teig: *100 g Butter, 100 g Zucker, 3 Eigelb, 3 steifgeschlagene Eiweiß, 150 g gemahlene Nüsse, 60 g Nesquik oder Kaba, 2 TL Kakao, 1 TL Backpulver.*

Guß: *250 g Preiselbeeren, 1 Becher Sahne, etwas bittere Schokolade.*

Zubereitung:

Die Butter schaumig schlagen, den Zucker und die Eigelb unterrühren. Nüsse, Nesquik, Kakao und Backpulver untermischen. Zum Schluß den Eischnee unterheben. Den Teig bei 220 Grad ca. 30 Min. backen. Die Preiselbeeren erhitzen, auf den noch warmen Boden geben. Erkalten lassen. Evtl. bis zum nächsten Tag stehen lassen.

Zum Servieren die Sahne schlagen und auf dem mit Preiselbeeren bedeckten Boden verteilen. Bittere Schokolade darüber raspeln.

Wichtig: Die Preiselbeeren müssen unbedingt heiß und der Boden noch richtig warm sein, damit die warme Flüssigkeit den Boden durchtränken kann.

Rotweinkuchen

Zutaten:

250 g Butter, 250 g Zucker, 1 Päckchen Vanillezucker, 4 ganze Eier, 300 g Mehl, 100 g Schokoladenstreusel, 1 Päckchen Backpulver, 1 TL Kakao, 1 TL Zimt, Rotwein (1/8–1/4 l).

Zubereitung:

Butter, Zucker und Vanillezucker gut vermischen. Eier schaumig rühren und dazugeben. Das mit Backpulver, dem Kakao, den Schokoladenstreuseln und dem Zimt vermischte Mehl nach und nach zugeben und kräftig rühren, bis der Teig Blasen wirft. Soviel Rotwein einrühren, daß der Teig schwer vom Kochlöffel fällt. Den Teig in eine gefettete Kuchenform füllen und bei 150 Grad 20 Minuten, dann weitere 40 Min. auf 175 Grad backen.

Apfelkuchen mit Vanillesahne

Zutaten:

100 g Mehl, eine Prise Salz, 60 g Butter oder Margarine, 2 EL Zucker, 2 getrennte Eier, 2 EL Semmelbrösel, 2 säuerliche Äpfel, 1/2 unbehandelte Zitrone, 0,1 l Sahne, 1 Päckchen Vanillezucker.

Zubereitung:

Einen Mürbteig aus Mehl, 50 g Fett, Salz, 1 EL Zucker und 1 Eigelb zubereiten. Backofen auf 200 Grad vorheizen. Den Teig in eine gefettete Form geben und Semmelbrösel darauf streuen. Geschälte Äpfel grob raffeln, mit Zitronensaft und abgeriebener -schale, 1 Eigelb und Zucker mischen. Eiweiß steif schlagen und unterheben. Auf dem Mürbteig verteilen und 30 Minuten backen.

Sahne mit Vanillezucker steif schlagen und mit dem Kuchen servieren.

Nußecken

Zutaten:

150 g Mehl, 1/2 gestr. EL Backpulver, 65 g Zucker, 1 Päckchen Vanillezucker, 1 Ei, 65 g Margarine.

Belag: *Aprikosenmarmelade, 100 g Butter, 100 g Zucker, 1 Päckchen Vanillezucker , etwas Wasser, 200 g gemahlene Haselnüsse, Blockschokolade.*

Zubereitung:

Aus Mehl, Backpulver, Zucker, Vanillezucker, Ei und Margarine einen Knetteig herstellen. Auf einem gefetteten Backblech ausrollen. 2 EL Aprikosenmarmelade auf den Teig streichen. Butter zerlassen. Zucker, Vanillezucker, etwas Wasser und die gemahlenen Haselnüsse unterrühren. Die Nußmasse auf dem mit Marmelade bestrichenen Teig verteilen. Im Backofen 20 - 30 Minuten bei 175 - 200 Grad backen. Abkühlen lassen. Anschließend den Kuchen in Rauten schneiden und die Ecken in zerlassene Blockschokolade eintauchen.

Schneewittchen-Kuchen

Zutaten:

Rührteig: *100 g Butter, 150 g Zucker, 1 Päckchen Vanillezucker, ,3 Eier, 200 g Mehl, 1/2 Päckchen Backpulver, evtl. etwas Milch, 2 EL Schokoladencreme (z.B. Nutella).*

Belag: *1 Glas Sauerkirschen, 500 g Quark, 1 Päckchen Vanillezucker, 3 Blatt weiße Gelatine, 2 EL Zucker, 1 Päckchen (roter) Tortenguß.*

Zubereitung:

Rührteig: Butter schaumig rühren. Zucker, Vanillezucker und die Eier zugeben. Das mit dem Backpulver vermischte Mehl unterrühren. Evtl. etwas Milch zufügen, falls der Teig zu schwer wird. Zur Hälfte des Teiges 2 EL Schokoladencreme geben. Den dunklen Teig in eine gefettete Backform streichen und mit den abgetropften Kirschen belegen. Anschließend den hellen Teig darauf verteilen. Bei 200 Grad ca. 1 Stunde backen. Anschließend abkühlen lassen.

Belag: Quark mit Zucker und Vanillezucker verrühren, Gelatine in kaltem Wasser einweichen, auflösen und in einem Topf auf kleiner Flamme erhitzen. Gelatine unter die Quarkmasse rühren. Den Boden mit der Quarkmasse bestreichen. Tortenguß mit dem Kirschsaft nach Packungsanleitung zubereiten und auf die Quarkmasse streichen.

Drinks

Sauer Klaus

Zutaten:
2 Orangen, 6 cl Bourbon Whiskey, 0,1 l Tonic Water.

Zubereitung:
2 Orangen auspressen und in ein Whisky-Glas geben, 6 cl amerikanischen Bourbon Whiskey hinzugeben und mit ca. 0,1 l Tonic Water auffüllen. Kurz umrühren.

Kaiserpunsch

Zutaten:

1/2 Flasche Rum, 1/2 Flasche Madeira, 1 Flasche Weißwein, 1/2 Flasche alter Rheinwein, je 1/8 Flasche Cognac und Arrak, 1 Glas Maraschino, je 1/2 Orange und Zitrone, 1/2 Vanilleschote, 500 g harter Zucker (Zuckerhut) und 1 l Wasser.

Zubereitung:

Das Wasser zum Kochen bringen. Den Zucker über dem heißen Wasser in einer Zange mit Rum übergießen und anzünden. Der mit Rum übergossene Zucker muß so lange brennen, bis der Zucker zu schmelzen beginnt und gelb wird. Dann wird die Flamme durch Zudecken gelöscht. Nun den Weißwein und die übrigen Getränke zugießen. Unter Zusatz der aufgeschnittenen Vanilleschote alles erhitzen. Zum Schluß werden die Orangen- und Zitronenschalen zum Ziehen in den Punsch gelegt.

Dieser Punsch kann nicht nur warm, sondern auch eiskalt unter Zusatz von Sekt getrunken werden.

Variation: Statt 1 l kochendes Wasser kann man auch Orangensaft und etwas Zitronensaft verwenden. Statt 1 Flasche Weißwein und 1/2 Flasche altem Rheinwein kann man auch je 2 Flaschen Weiß- und Rotwein nehmen.

Champagner-Sorbet

Für 4 bis 6 Personen

Zutaten:

200 g Zucker, 1/4 l Wasser, 1/2 l Sekt, Saft einer Zitrone, 2 Eiweiß, 1 EL Puderzucker.

Zubereitung:

Aus Zucker und Wasser einen Sirup kochen und dann erkalten lassen. Danach Sekt einrühren und kühlen lassen. Eiweiß mit Puderzucker steif schlagen und unter die Sektmasse rühren. Während das Sorbet kühlt, sollte es mehrmals umgerührt werden.

Bananen-Kiwi-Bowle

Zutaten:

3 Bananen, 3 Kiwis, 3 EL Zucker, je 1 Likörglas Rum und Weinbrand, 2 Flaschen Wein von der Mosel, 1 Flasche Sekt, etwas Zitronensaft.

Zubereitung:

Bananen und Kiwis schälen und in Scheiben schneiden. Mit Zucker, Zitronensaft und einer Flasche Wein verrühren und danach 4 - 6 Stunden im Kühlschrank ziehen lassen.

Vor dem Servieren Rum, Weinbrand und Sekt hinzumischen.

Sweet after

Zutaten:
2 cl Bailey's, 1 großer Espresso, 1 cl Creme de Cacao, Sahne.

Zubereitung:
Sahne steif schlagen. Creme de Cacao in die Sahne rühren. Tasse gut erwärmen. Bailey's in der Tasse erwärmen. Mit Espresso auffüllen. Sahne über einen Löffel laufen lassen.

Notizen:

Notizen: